BEI GRIN MACHT SICH IHR WISSEN BEZAHLT

- Wir veröffentlichen Ihre Hausarbeit, Bachelor- und Masterarbeit

- Ihr eigenes eBook und Buch - weltweit in allen wichtigen Shops

- Verdienen Sie an jedem Verkauf

Jetzt bei www.GRIN.com hochladen und kostenlos publizieren

Bibliografische Information der Deutschen Nationalbibliothek:

Die Deutsche Bibliothek verzeichnet diese Publikation in der Deutschen Nationalbibliografie; detaillierte bibliografische Daten sind im Internet über http://dnb.d-nb.de/ abrufbar.

Dieses Werk sowie alle darin enthaltenen einzelnen Beiträge und Abbildungen sind urheberrechtlich geschützt. Jede Verwertung, die nicht ausdrücklich vom Urheberrechtsschutz zugelassen ist, bedarf der vorherigen Zustimmung des Verlages. Das gilt insbesondere für Vervielfältigungen, Bearbeitungen, Übersetzungen, Mikroverfilmungen, Auswertungen durch Datenbanken und für die Einspeicherung und Verarbeitung in elektronische Systeme. Alle Rechte, auch die des auszugsweisen Nachdrucks, der fotomechanischen Wiedergabe (einschließlich Mikrokopie) sowie der Auswertung durch Datenbanken oder ähnliche Einrichtungen, vorbehalten.

Impressum:

Copyright © 2015 GRIN Verlag
Druck und Bindung: Books on Demand GmbH, Norderstedt Germany
ISBN: 9783668659599

Dieses Buch bei GRIN:

https://www.grin.com/document/414544

Alexandra Blum

Praktikumsphase einer Lehrerausbildung. Beschreibung einer eigenen Unterrichtsstunde und Unterrichtsbeobachtungen

GRIN Verlag

GRIN - Your knowledge has value

Der GRIN Verlag publiziert seit 1998 wissenschaftliche Arbeiten von Studenten, Hochschullehrern und anderen Akademikern als eBook und gedrucktes Buch. Die Verlagswebsite www.grin.com ist die ideale Plattform zur Veröffentlichung von Hausarbeiten, Abschlussarbeiten, wissenschaftlichen Aufsätzen, Dissertationen und Fachbüchern.

Besuchen Sie uns im Internet:

http://www.grin.com/

http://www.facebook.com/grincom

http://www.twitter.com/grin_com

Technische Universität München

Seminararbeit zur 1. Praktikumsphase des TUMpaedagogicums

Städtische Berufsschule

Praktikumszeitraum: 23.02.15- 13.03.15

Alexandra Blum
Studiengang Bachelor Berufliche Bildung
Gesundheits- & Pflegewissenschaft, Sozialkunde

Inhaltsverzeichnis

1. Vorwort 3
2. Meine Erwartungen 3
3. Beschreibung einer eigenen Unterrichtsstunde 4
   3.1 Lernvoraussetzungen der Klasse 4
   3.2 Thema der Stunde 4
   3.3 Didaktische Überlegungen 4
   3.4 Ablauf der Unterrichtsstunde 5
   3.5 Eigene Reflexion und Feedback der betreuenden Lehrkraft zur Unterrichtseinheit 7
4. Unterrichtsbeobachtungen 8
   4.1 Ausgewählte Aspekte der gelenkten Beobachtung und Erkundung 8
5. Persönliche Reflexion des Praktikums 10

1. Vorwort

Das TUMpaedagogicum dient als frühzeitige Chance zu einer geleiteten Reflexion über die Eignung zum Lehrerberuf.

Die Studierenden sollten das Bildungsinstitut „Schule" aus der Sicht des Lehrenden kennenlernen und es als künftiges Arbeitsfeld wahrzunehmen. Außerdem sollte ein Einblick in das gesamte Arbeitsspektrum einer Lehrkraft geschaffen werden.

Für die erste Phase des TUMpaedagogicums waren 15 Tage vorgesehen, die an der Städtischen Berufsschule für Fachkräfte abgehalten wurden.

Die Städtische Berufsschule bildet Medizinische Fachangestellte (MFA), Tiermedizinische Fachangestellte (TFA) und Pharmazeutisch Kaufmännische Angestellte (PKA) aus. Im Schuljahr 2014/2015 besuchen fast 1500 Schüler die Schule, die von insgesamt 51 Lehrkräften betreut werden.

2. Meine Erwartungen

Ich bin sehr gespannt auf die erste Phase des TUMpaedagogicums an der Städtischen Berufsschule für Medizinische Fachangestellte, Tiermedizinische Fachangestellte und Pharmazeutisch Kaufmännische Angestellte.

Diese Berufsschule habe ich gewählt, da sie mehrere Fachrichtungen hat.

Vor dem Studium habe ich noch keine Ausbildung gemacht und freue mich deshalb besonders gleich drei verschiedene Ausbildungsrichtungen kennenzulernen.

Meine Erwartungen an das Praktikum sind ein breitgefächertes Bild über die Aufgaben einer Lehrkraft an einer Berufsschule zu bekommen. Deshalb erhoffe ich mir neben dem Unterrichtsbesuch auch an Lehrerkonferenzen, Lehrer-Schüler Gesprächen, Elternsprechtagen, Projekttagen und Ausflügen teilzunehmen.

Bei der Hospitation im Unterricht würde ich gern möglichst viele verschieden Methoden zur Unterrichtsgestaltung kennenlernen um zu sehen wie die Lehrkräfte diese Umsetzen. Außerdem bin ich auch sehr auf den eigenen Unterrichtsversuch gespannt.

Ich hoffe, dass ich in der ersten Phase des TUMpaedagogicums möglichst viele Erfahrungen sammeln kann.

3. Beschreibung einer eigenen Unterrichtsstunde

Zu der ersten Praktikumsphase des TUMpaedagogicums gehört ein eigener Unterrichtsversuch. Dieser war besonders wichtig um erste eigene Erfahrungen als angehende Lehrkraft zu sammeln und sich in der Rolle der Autoritätsperson gegenüber den Schülern zu sehen.

Die betreuenden Lehrkräfte gaben nützliche Tipps und besprachen die Probestunde ausführlich mit den Praktikanten.

3.1 Lernvoraussetzungen der Klasse

Die erste Unterrichtsstunde wurde in einer zwölften Klasse (12MF), welche im dritten Lehrjahr sind, gehalten. Die Auszubildenden machen eine Ausbildungen zu Medizinischen Fachangestellten (MFA). Im Fach Behandlungsassistenz wurde der Unterrichtsversuch gehalten. Das Klassenzimmer befindet sich im zweiten Obergeschoss der Städtischen Berufsschule München im Raum 214. Der eigene Unterrichtsversuch fand am 10.02.2015 von 10.30 bis 12.00 Uhr statt, welches die vierte und fünfte Schulstunde sind. Der Unterrichtsraum war hinsichtlich der Medien gut ausgestattet, da ein interaktives Whiteboard zur Verfügung stand.

Es waren von 25 Schülern 17 anwesend der Klasse 12MF. Der Rest der Klasse war erkrankt oder hatte sonstige Beurlaubungen für diese Doppelstunde. Von den 17 Schülern waren 3 Jungs und 14 Mädchen. Der Jungenanteil liegt an der Berufsschule München bei circa 3,7%. Im Schuljahr 2014/2015 haben etwa 32% der Schüler einen Migrationshintergrund.

Den Unterricht habe ich in Absprache mit meiner Betreuungslehrerin Frau Minkus bei Ihrer Kollegin Frau Michler gehalten, welche mich beide ausführlich beraten haben.

3.2 Thema der Stunde

Das Thema der Unterrichtsstunde war Kinderfrüherkennungsuntersuchungen, welches neu für die Schüler war und zwei Unterrichtsstunden umfassen sollte. Dieses Thema gehört zu dem elften Lernfeld. In diesem Lernfeld geht es um das begleiten von Patienten bei der Prävention.

3.3 Didaktische Überlegungen

Aktualität des Themas:

Das Thema sollte für alle Schüler sehr wichtig sein, da es nicht nur für Ihren zukünftigen Beruf wichtig sein könnte, sondern auch im privaten Leben. Einzelne Schüler haben bereits ein Kind und kennen die Kinderfrüherkennungsuntersuchungen. Aber auch die meisten anderen Schüler befinden sich in einem Alter, in welchem man Kinder bekommen kann. Deshalb ist das Unterrichtsthema sehr aktuell.

Bezug des Themas zum Beruf:

Kinderfrüherkennungsuntersuchungen sind hauptsächlich relevant für Medizinische Fachangestellte bei Kinderärzten, da sie dort durchgeführt werden. Aber in der Ausbildung muss natürlich jeder Schüler diese kennenlernen und verinnerlichen.

Lernziele des Unterrichts:

Die Schüler und Schülerinnen sollen nach dieser Unterrichtseinheit erklären können, was Kinderfrüherkennungsuntersuchungen sind und welches die Merkmale und Unterschiede der Untersuchungen U1 bis U9 und J1 sind. Zudem kennen die Schüler und Schülerinnen Methoden zur Durchführung der Kinderfrüherkennungsuntersuchungen.

3.4 Ablauf der Unterrichtsstunde

Unterrichtseinheit/Thema:	Fach/ Lernfeld:	Lehrkraft/ Klasse:
Kinderfrüherkennungsuntersuchungen	BA/ Lernfeld 11	Frau M. / 12MF

Phase	Zeit	Inhalt und Methoden	Medien
Einstiegsphase:	10.30-10.40 (10 Minuten)	Hinführung zum Stunden-thema mit Zielangabe und Lernmotivation im Frontalunterricht	Tafel
Erarbeitungsphase	10.40-11.30 (50 Minuten)	-Tiefergehendes auseinandersetzen mit dem Thema durch lesen eines Sachtextes in Einzelarbeit, Schüler wurden in zwei Gruppen aufgeteilt, die jeweils einen anderen Text lesen sollten - im Anschluss wurde der Sachtext mit dem Sitznachbarn in Partnerarbeit, welcher den gleichen Text gelesen hat kurz besprochen - Zwei Stuhlkreise bilden	Sachtext Lernfeld 11, Gruppe A: Seite 53-54, Gruppe B: Seite 55-56 Schüler-Schüler-Gespräch Schüler-Schüler-Gespräch; Mitschrift des Gehörten in Stichpunkten

```
     B
B   A    B
  A   A
B A    A B
  A   A
B   A   B
    B
```

1. Person A und Person B erklären sich gegenseitig Ihre Themen
2. Alle „B"s rotieren einen Platz nach links im Uhrzeigersinn
3. Erneutes erklären des eigenen Themas und verstehen des Themas der anderen Person
4. Alle „B"s wieder rotieren wieder einen Platz weiter
5. Person A erklärt nun das fremde Thema B, der Person B und Person B korrigiert Fehler. Anschließend erklärt Person B Thema A Person A.

Ergebnissicherung	11.30-12.00 (30 Minuten)	- Erarbeiten eines Arbeitszettels (S.57/58) in Einzelarbeit - Frontale Besprechung des Arbeitszettels im Klassenverband - Wiederholende Zusammenfassung der Kinderfrüherkennungskrankheiten - Schülerfragen an die	Arbeitszettel Whiteboard

| | | | Lehrkraft zum Thema | |

Beschreibung des Ablaufes:
Zu Beginn wurden Thema der Stunde, Datum sowie der Name der Lehrkraft an die Tafel geschrieben, damit die Schüler von Anfang der Stunde einen Überblick hatten. Dann habe ich mich noch einmal vorgestellt und das Thema der Stunde beschrieben. Der Unterrichtseinstieg war damit schon vorbei.

In der Erarbeitungsphase wurden die Schüler und Schülerinnen zunächst in zwei Gruppen unterteilt (Gruppe A und Gruppe B) um dann in Einzelarbeit die Sachtexte A oder B zu lesen. Nachdem sich die Schüler dazu kurze Stichpunkte gemacht hatten, klärten sie in Partnerarbeit mit ihren Sitznachbarn, welche den gleichen Text gelesen hatten. Danach wurde der weitere Arbeitsauftrag erklärt. Die Schüler sollten sich zuerst in zwei Sitzkreise setzen (siehe Skizze in Tabelle). Alle Personen, die Text A gelesen hatten saßen im inneren Kreis und alle Personen, die Text B gelesen haben außen. Person A und Person B erklärten sich gegenseitig ihre Themen. Anschließend rotierte alle Schüler der Gruppe B einen Platz nach links, im Uhrzeigersinn. Dann erklären die Schüler nochmals ihr Thema der gegenübersitzenden Person und hören das andere Thema auch noch einmal. Dieses Mal sollen zusätzlich Stichpunkte gemacht werden. Daraufhin rotierte Gruppe B wieder. Beim dritten Durchgang zählte Person A die wesentlichen Merkmale von Text B auf und Person B die von Text A. Bei Fehlern konnten sich die Schüler direkt korrigieren. Als letzten Schritt in der Erarbeitungsphase setzten sich die Schüler wieder auf ihre Plätze zurück.

Bei der Ergebnissicherung bearbeiteten die Schüler zuerst ein Arbeitsblatt, was alle einzelnen Teilgebiete des Themas zusammenfasste. Im Anschluss wurde dieses Blatt frontal mit der Klasse besprochen und einzelne Unklarheiten geklärt.

3.5 Eigene Reflexion und Feedback der betreuenden Lehrkraft zur Unterrichtseinheit

Für mich persönlich war diese Unterrichtseinheit sehr wichtig, da man einen ersten Eindruck bekam ob der spätere Beruf der Lehrkraft für einen geeignet oder ungeeignet ist. Mir hat der Unterrichtsversuch sehr viel Spaß gemacht und ich habe mich wohl gefühlt.

Die Mitarbeit der Schüler war sehr gut. Sie haben die ganze Zeit mitgemacht und sich in das Unterrichtsgeschehen mit eingebracht. Im Zeitmanagement muss ich sicherer werden, da ich bereits 10 Minuten vor Ende fertig war und dann improvisieren musste. Aber im ganzen bin ich sehr zufrieden mit dem ersten Unterrichtsversuch.

Die betreuende Lehrkraft hat im direkten Anschluss den Unterrichtsversuch mit mir besprochen. Gut hat Ihr gefallen, dass das Thema der Unterrichtseinheit von Anfang der Stunde an der Tafel stand. Zudem der anschaulich und klar formulierte Arbeitsauftrag, das Nachfragen beim Verständnis und die gute Beobachtung bei der Gruppenarbeit. Noch nicht so gut hat die Anrede der Schüler geklappt mit passender Sie Form. Außerdem war die Einstiegsphase auch etwas zu knapp gefasst. Bilder oder andere Medien hätten einen anschaulicheren Einblick in das Thema geben können.

4. Unterrichtsbeobachtungen

Die meiste Zeit des Praktikums waren die Studenten zur Hospitation im Unterricht. Es gab die Möglichkeit in viele verschiedene Fächer einen Einblick zu bekommen. Außerdem auch unterschiedliche Klassen und Ausbildungszweige kennenzulernen.

4.1 Ausgewählte Aspekte der gelenkten Beobachtung und Erkundung

Beginnend wird auf beobachtete Lehrkräfte eingegangen. Das Verhalten des Lehrers wirkt sich stark auf die Schüler aus. Hat die Lehrkraft ein sicheres, freundliches und faires Auftreten, so ist die Lehrkraft beliebt bei den Schülern und diese Verhalten sich positiv. Sie bringen sich mehr in den Unterricht ein und versuchen gut mitzuarbeiten. Wirkt die Lehrkraft eher unsicher und nervös, so wirkt sich das sehr schnell auf die Schüler aus. Die Klasse verhält sich dann oftmals unruhig und unkonzentriert.

Zudem wird auf das beobachtete Verhalten der Schüler und Schülerinnen eingegangen. Hier lassen sich besonders große Unterschiede verzeichnen. In der Praktikumsschule gibt es normale Ausbildungsklassen, welche die Ausbildung in drei Jahren machen und Verkürzerklassen, welche die Ausbildung in nur zweieinhalb Jahren vollenden. Bei Letzt genanntem ist das Bildungs- und Leistungsniveau höher als im Durchschnitt. In diesen Klassen sind auch Schüler, welche erfolgreich ein Abitur abgeschlossen haben. Diesen Schülern fällt das konzentrieren auf lange Arbeitsaufträge oder Frontalunterricht leichter, als den Schülern der anderen Klassen. Die Schüler der normalen Ausbildungsklassen brauchen häufig mehr Unterstützung bei Arbeitsaufträgen wie Gruppenarbeit.

Als dritter Aspekt wird der Unterricht analysiert. Es fällt sehr stark auf, dass die Bereitschaft der Schüler und Schülerinnen bei praktischem Unterricht wesentlich höher ist, als bei theoretischem Unterricht. Der Unterricht wird stark von den Wechselwirkungen zwischen Schülern unter sich aber auch zwischen Lehrer und Schüler beeinflusst. Umso mehr unruhige Schüler in einer Klasse sind umso wahrscheinlicher ist es, dass der Unterricht oft durch fachfremde Aktivitäten gestört wird. Die Schüler lenken sich somit oft selbst gegenseitig ab. Die Beziehung der Klasse zum Lehrer ist ebenfalls entscheidend für das Unterrichtsgeschehen. Auftreten und Sympathie sind entscheidend für die Zusammenarbeit zwischen Lehrer und Klasse.

Außerdem wird auf die Schule sowie Räumlichkeiten Bezug genommen. Die Städtische Berufsschule befindet sich direkt am Ostbahnhof von München. Das Gebäude teilt sich die

Schule mit Berufsschulen anderer Fachrichtungen. Die Klassen der Städtischen Berufsschule befinden sich im zweiten Obergeschoss, zudem gibt es aber noch Klassen im dritten Obergeschoss und Labore im Erdgeschoss. Alle Klassenzimmer sind sehr modern ausgestattet. Sie verfügen alle über ein Whiteboard(eine interaktive Tafel), mit Computer-Beamer-Sensor-Einheit. Zudem stehen in jedem Klassenzimmer mindestens zwei Computer und ein Drucker. Aber auch zwei Computerräume stehen den Schülern zur Verfügung, wenn die Computer in den anderen Räumen nicht ausreichen. Im Erdgeschoss befindet sich ein Kiosk und eine Kantine für die Schüler und Lehrkräfte. Jeden Tag gibt es verschiedene frische und warme Speisen. Das Lehrerzimmer bietet Platz für Unterrichtsmaterialien, Fachbücher, etc. aber auch eine Rückzugsmöglichkeit für Lehrer. Außerdem gibt es separate Räume für Lehrer-Schüler- oder Elterngespräche.

Als Letzten Punkt soll bei den Unterrichtsbeobachtungen auf Beziehungen der Lehrkräfte untereinander und zu den Schülern eingegangen werden. Im Kollegium herrscht eine angenehme Atmosphäre. Auch durch eine Lehrerkonferenz konnte dieser Eindruck bestärkt werden. Die Lehrkräfte arbeiten gut zusammen und tauschen gegenseitig Unterrichtmaterialien aus oder geben sich Hilfestellung. Zudem gibt es an der Städtischen Berufsschule das Teamteaching, in diesen Unterrichtseinheiten stehen der Klasse zwei Lehrkräfte zur Verfügung. Die beiden Lehrkräfte arbeiten zusammen beim gemeinsamen Unterricht oder teilen die Klasse auf und gehen mit einem Teil in die Labore.

Gibt es Probleme mit anderen Schülern, Lehrkräften oder im sonstigen sozialen Umfeld so helfen die Schulsozialarbeiter gern weiter.

5. Persönliche Reflexion des Praktikums

Meine Erwartungen an das Praktikum waren ein breitgefächertes Bild über den Lehrberuf und dessen Aufgabenbereiche zu bekommen. Vorallem wollte ich Erfahrungen in den verschiedenen Fachbereichen sammeln, die diese Schule anbietet. Alle Lehrkräfte waren sehr freundlich und es war nie ein Problem in den verschiedenen Unterrichtsfächern zuzuschauen oder mitwirken zu dürfen. Auch der Schulleiter hat uns Praktikannten offen empfangen und wollte uns bereitwillig einen umfangreichen Einblick in seine Aufgabengebiete zeigen

Der geringe Altersunterschied war zuerst sehr ungewohnt, da man sich kurz an die Rolle der Lehrperson gewöhnen musste. Dies bereitete mir auch Probleme in dem Unterrichtsversuch, da ich das Siezen und Duzen öfter unbewusst durcheinandergebracht habe.

Unsere Betreuungslehrerin hat uns mit „Tipps und Tricks" zur Seite gestanden und war in den Nachbesprechungen bemüht unseren Wünschen und Interessen nachzukommen. Sie hat uns geholfen einen passenden Stundenplan zusammenzustellen und verschiedene Fachbereiche zu sehen. In einem Abschließenden Gespräch haben Ihre Kritik und Lob uns Anregungen für die nächste Praktikumsphase gegeben.

Für mich war Praktikum ein voller Erfolg. Es hat mich in der Wahl meines Studienganges bestätigt und mich in meinem Berufswunsch bestärkt.

Das TUMpaedagogicum finde ich sehr positiv, da es einen frühen Einblick in den Beruf gibt. Auch die Unterteilung in drei Phasen finde ich gut, da man so eine Ausbildungsklasse über einen längeren Zeitraum begleiten kann.

BEI GRIN MACHT SICH IHR WISSEN BEZAHLT

- Wir veröffentlichen Ihre Hausarbeit, Bachelor- und Masterarbeit

- Ihr eigenes eBook und Buch - weltweit in allen wichtigen Shops

- Verdienen Sie an jedem Verkauf

Jetzt bei www.GRIN.com hochladen und kostenlos publizieren